OS MAMUTES

Jô Bilac

OS MAMUTES

COLEÇÃO DRAMATURGIA

Cobogó

Sumário

Apresentação

Os mamutes surgiu de um sonho que eu tive. Talvez como resultado de imagens gravadas em meu inconsciente, imagens essas que vêm como desenhos obscuros e a princípio sem nexo. Daí, foi juntar essas imagens e buscar uma linha de raciocínio coerente, ou não, para que eu pudesse contar essa história.

Os mamutes nada mais é do que esse sonho traduzido em linhas nebulosas. O espelho de Alice. A deformidade.

Não sei ainda das proporções desse sonho. Por enquanto me limito pura e simplesmente a escrevê-lo.

Jô Bilac

OS MAMUTES

de **Jô Bilac**

Os mamutes estreou em 1º de março de 2012, na Arena do Espaço Sesc – Rio de Janeiro.

Texto
Jô Bilac

Direção
Inez Viana

Direção de Produção
Isabel Themudo

Elenco
CAPITÃO MAN: Ricardo Souzedo
FRENESI: Carolina Pismel
GÊMEO 1: Junior Dantas
GÊMEO 2: Zé Wendell
GORDA: Jefferson Schroeder
HAMED ALI ADA ADA: Juliane Bodini
HOMEM 1: Junior Dantas
HOMEM 2: Zé Wendell
ISADORA FACA NO PEITO: Debora Lamm
JERRY: Iano Salomão
LEON: Leonardo Bricio
LOLA BLAIR / PABLO: Jefferson Schroeder
SHIVA MOON: Juliane Bodini
SQUEL: Luis Antonio Fortes
WENDY: Juliane Bodini

Atores que participaram da 1ª montagem
LEON: Diogo Camargos
SHIVA MOON: Cristina Flores

Músicos em Cena
Aline Gonçalves, Chico Werneck, Eveline Garcia, e Felipe Antello

Cenário
Nello Marrese

Figurino
Flavio Souza

Iluminação
Renato Machado

Direção Musical
Marcelo Alonso Neves

Direção de Movimento
Dani Amorim

Design Gráfico e Programação Visual
Humberto Costa

Fotografia de Divulgação
Dani Barros e Rúbia Uchôa

Fotografia de Cena
Guga Melgar

Produção Executiva
Liliana Mont Serrat e Damiana Guimarães (Bloco Pi Produções)

Gerente de Projeto
Rodrigo Gerstner

Assistente de Direção
Leila Maria Moreno

Assistentes de Produção
Rúbia Uchoa e Laís Wernek

Assistente de Cenografia
Lorena Lima

Assessoria de Imprensa
Daniella Cavalcanti

Marketing Cultural
Jefferson Almeida

Assistente de Assessoria de Imprensa
Bruna Amorim

Após 2013 A Fábrica de Eventos produções artísticas assumiu a produção do espetáculo.

Direção de Produção
Claudia Marques

Produção Executiva
Rafael Faustini e Jéssica Santiago

Realização
Nossa Sra. Dos Palcos e Cia OmondÉ

PERSONAGENS

ISADORA FACA NO PEITO

LEON

GÊMEO 1

GÊMEO 2

CAPITÃO MAN

JERRY

WENDY

FRENESI

LOLA BLAIR / PABLO

HAMED ALI ADA ADA

SQUEL

HOMEM 1

HOMEM 2

GORDA

SHIVA MOON

PRÓLOGO

Um chão coberto de cadáveres com óculos 3D. No meio deles, Isadora Faca no Peito: uma criança de nove anos, misteriosa, sombria, trágica. Luz, câmera, sangue!

ISADORA FACA NO PEITO: *[narra para o público]*

Cravo

Apesar de pertencer a uma família bem colocada socialmente e gozar de uma vida confortável, o jovem — vamos chamá-lo de Cravo — Cravo vivia a questionar seu papel no mundo. Lhe incomodava a ideia de saber que enquanto poderia desfrutar o melhor que a vida lhe proporcionava, outros levavam uma vida dura e com muitas dificuldades. Consigo mesmo murmurava: "As coisas precisam mudar..." Suspirou profundamente e não disse mais um "ai".

Assim, o jovem Cravo deixou todas as suas riquezas e naquele mesmo dia tornou-se Lírio.

Lírio

O jovem Lírio, um estudante comum, com uma vida comum, com uma família comum, com amigos comuns, em uma cidade comum, tinha um segredinho não tão comum...

Naquela tarde resolveu distribuir papoulas em frente a um cinema conhecido. Com serenidade no olhar e mansidão na voz, Lírio se encontrava em total plenitude oferecendo, com um sorriso quase infantil, papoulas para aqueles que logo assistiriam a mais uma comédia romântica americana...

As papoulas acabaram.

E Lírio novamente murmurava: "As coisas precisam mudar..." Suspirou profundamente e não disse mais um "ai".

Papoula

O filme estava quase pela metade quando Lírio invadiu o cinema metralhando toda a plateia sem dó nem piedade. Pavor! Terror! Tormento! Homem, mulher, criança, velhinho. Pelo chão, em poças, papoulas ensanguentadas. Na retina, Meg Ryan e Nicolas Cage, uma mordida no caju! Cento e vinte e três pessoas mortas. Nenhum sobrevivente. Uma verdadeira chacina banhada em pipoca doce. "As coisas mudaram..." Suspirou profundamente e não disse mais um "ai".

Cravos, Lírios e Papoulas!

Lírio foi mandado para um sanatório no outro lado da cidade. E, para surpresa do governo, ninguém sentiu falta das vítimas do cinema. Ninguém!!! Ninguém veio reclamar seus mortos. Incrivelmente, aquele jovem rapaz matara 123 mamutes. Cento e vinte e três mamutes! Para o governo, o problema mesmo foi se livrar dos cadáveres. Afinal de contas, o que fazer com tanta gente morta? É justamente aí que entra a Mamutes Food — um grupo de executivos poderosos que ofereceu uma quantia interessante ao governo pelos corpos, numa jogada um tanto suja que não vale a pena entrarmos nos detalhes. Para encurtar a história: o governo lavou as mãos e entregou os corpos à Mamutes Food. E da noite para o dia a Mamutes Food virou uma das maiores empresas de fast-food do país, com o sanduíche especial de carne de mamutes.

Mas a carne do sanduíche estava acabando, precisavam de mais cadáveres... E assim o governo legitimou a caça aos mamutes!

Os cadáveres se levantam e assustam Isadora.

ISADORA FACA NO PEITO: [*sempre dramática*] E o jovem Lírio? Teria sido ele fruto do consumismo exacerbado? A culpa seria da alienação violenta de uma geração sem perspectiva? De quem é a culpa? Das drogas? Da falta de Deus? Da Internet? Do refrigerante negro que corrói os ossos e destrói os dentes? Essa é a pergunta que não quer calar! [*séria*] Você! Você! Você! Você mesmo, meu caro e respeitável público. Até que ponto você não foi responsável por aquele gatilho apertado, por aquele pobre e inocente rapaz? Vamos até o fundo disso tudo. Jogar lama no ventilador. Rasgar o mapa! Há algo de podre no reino do fast-food, e eu sou Isadora Faca no Peito, meto o dedo na ferida e faço sangrar. Porque comigo é assim: a faca é no peito!

A selvageria urbana se inicia. Apressados. Cinzentos. Barulhentos. A organização do caos. O caos da ordem. Os bichos selvagens estão em cena.

EPISÓDIO 1

Leon espera por mais uma entrevista de emprego, como um condenado na linha de tiro, esperando o fuzilamento inevitável. Na sua frente, os carrascos: dois gêmeos siameses fumando charuto. Estão quietos, tão quietos que por um momento Leon se esquece de que estão vivos. Intrigado, se aproxima para examinar suas expressões curiosas e é surpreendido pelo primeiro da esquerda.

GÊMEO 1: Se pensa que somos imagens de cera, deveria pagar, certo?

GÊMEO 2: Imagens de cera não foram feitas para serem vistas de graça!

GÊMEO 1: Contrariamente.

GÊMEO 2: Não estamos numa galeria de arte, numa exposição inexpressiva qualquer.

GÊMEO 1: E se estivéssemos realmente numa exposição, digo, uma exposição mesmo...

GÊMEO 2: ...não essa exposição fingida e sensacionalista que vivemos hoje em dia...

GÊMEO 1: ...mas sim uma exposição que vai além do sentido notório da palavra!

GÊMEO 2: Então...

GÊMEO 1: ...se estivéssemos mesmo em uma exposição, você deveria...

GÊMEO 2: ...pelo menos...

GÊMEO 1: ...apresentar-se, porque afinal de contas expor o que se sente a um estranho não é nada confiável.

GÊMEO 2: Contrariamente!

GÊMEO 1: Mas não estamos numa exposição.

GÊMEO 2: Muito menos numa galeria de arte.

GÊMEO 1: Portanto...

GÊMEOS 1 e 2: ...who are you?

Leon vai falar, mas é interrompido.

GÊMEO 1: Já sei no que você está pensando!

GÊMEO 2: Mas não é nada disso...

GÊMEO 1: De modo algum.

GÊMEO 2: Contrariamente!

GÊMEO 1: Você começou errado.

GÊMEO 2: Deveria bater antes de entrar.

GÊMEO 1: Sorrir antes de falar.

GÊMEO 2: Pedir antes de pegar.

GÊMEO 1: Falar do tempo e da propensão à chuva antes de ir direto ao assunto.

GÊMEO 2: Entender antes de discordar.

GÊMEO 1: Concorda comigo?

GÊMEO 2: Entende meu ponto de vista?

GÊMEOS 1 e 2: [*com naturalidade*] Qual é mesmo o seu nome?

GÊMEO 1: Não diga! Não diga, eu sei...

GÊMEO 2: É alguma coisa com "w"!

GÊMEO 1: Não diga, não diga...

GÊMEO 2: Walmir?

GÊMEO 1: Eu pedi pra não dizer!

GÊMEO 2: Walcir!

GÊMEO 1: Cale a boca! Está na ponta da língua...

GÊMEO 2: Ulisses?

GÊMEO 1: Ulisses é com "u".

GÊMEO 2: Mas o dele pode ser com w.

GÊMEO 1: Por que seria?

GÊMEO 2: Dobre o "u" e verá!

GÊMEO 1: Contrariamente!

GÊMEO 2: Tá na cara dele. Não é, Ulisses?

LEON: [*tenso, tentando ser simpático*] Bem, na verdade, meu nome é Leon.

GÊMEO 1: Foi por um triz!

GÊMEO 2: [*pegando uma ficha em sua mesa*] Ah, sim! Leon Carmelo. Aqui está.

GÊMEO 1: É você aqui? Está tão diferente...

GÊMEO 2: Será que esse não é ele e ele é outro que gostaria de ser esse que se passa por outro e que não é ninguém?

GÊMEO 1: Olha, pode ser que sim.

LEON: Eu sou eu, posso afirmar com toda a certeza! Não há outro além de mim.

GÊMEO 1: Sempre há outros além de nós, rapaz. Muitos outros... E dentro desses outros, uma minoria, e dentro dessa minoria, uma minoria menor ainda que será esmagada pela própria minoria, porque assim é a natureza humana. E não importa, seja lá quem for, haverá sempre uma vítima e seu algoz. Não necessariamente nessa ordem.

GÊMEO 2: Você realmente é você?

GÊMEO 1: Nunca foi outro alguém durante todo esse tempo?

LEON: Bom, depende do ponto de vista, pois estamos sempre mudando e...

GÊMEO 2: Responda apenas "Yes, Sir" quando tiver que responder "Yes, Sir" e "No, Sir" quando tiver que responder "No, Sir". A pergunta foi clara e objetiva, não vamos nos estender além do necessário. Entendido?

LEON: [*muito tenso*] Yes, Sir...

GÊMEO 2: Você não é você?

LEON: Sim! Não! Calma. Sim, eu sou eu e nunca fui outro alguém durante todo esse tempo.

GÊMEO 2: Bebe?

LEON: Não, senhor.

GÊMEO 1: Fuma?

LEON: Não, senhor.

GÊMEO 2: Trepa?

Os gêmeos riem de forma escandalosa, e, em seguida, param de rir bruscamente.

GÊMEO 1: [*analisando a ficha do rapaz*] Boa formação...

GÊMEO 2: Pais falecidos... Vó pensionista...

GÊMEO 1: Não bebe, não fuma, não mente... [*sem deixar de analisar a ficha*] Bem...

GÊMEO 2: Bom...

GÊMEO 1: Well...

Breve silêncio.

GÊMEOS 1 e 2: [*incisivos*] Mataste alguém?

LEON: Nunca, senhor!

GÊMEO 2: Não minta, saberei se for mentira!

LEON: Nunca, senhor, sou cristão...

GÊMEO 1: "...fui crismado e tudo o mais..."

GÊMEO 2: Não minta, maldito vermezinho! Mataste ou não mataste?

GÊMEO 1: Loura, alta, sexy, voz rouca, misteriosamente assassinada. Foi você, boy?

GÊMEO 2: Seu tipo não me engana! Ouviu, seu merdinha? Não me engana!

GÊMEO 1: Seu doente, mataria seu chefe após a primeira discussão.

GÊMEO 2: Vejo em seu olhar! Há sangue!!! Há sangue em seu olhar!!!

GÊMEO 1: Tramaria minha morte com a secretária mal-amada.

GÊMEO 2: Dos piores, você é dos piores!

GÊMEO 1: Sorriria pela frente e pelas costas enfiaria um punhal!

GÊMEO 2: Dos piores, você é dos piores!

GÊMEO 1: Mataste ou não mataste, seu bosta?

GÊMEO 2: Responda!

LEON: [*aos gritos, choroso*] Eu juro, eu não...

GÊMEO 1: ...mataria ninguém!

LEON: Juro!

GÊMEO 2: É contra seus princípios morais!

LEON: Juro!

GÊMEO 1: Não mata nem mosca.

GÊMEO 2: Só quer um emprego decente e viver em paz sem incomodar ninguém...

LEON: Eu juro!!!

Os gêmeos agora estão calmíssimos. Oferecem um lenço para o rapaz limpar o rosto molhado de lágrimas.

GÊMEO 1: Boy, és um rapaz decente, não duvido.

GÊMEO 2: Mas o mercado está nervoso.

GÊMEO 1: Estamos em uma nova fase.

GÊMEO 2: Estamos à procura de um novo perfil de funcionário. Jovem, aplicado, inteligente...

GÊMEO 1: Assim como você!

GÊMEO 2: Mas temos um problema!

LEON: Um problema?

GÊMEO 1: Yes, boy, um problema enorme!

GÊMEO 2: Conhece bem o esquema da Mamutes Food?

LEON: Conheço, sim, senhor. É a maior...

GÊMEO 1: ...e melhor!...

GÊMEO 2: ...empresa de fast-food do país, e a que mais dá emprego a jovens inexperientes, como você, que não vão conseguir nada melhor do que fritar hambúrgueres! Agora,...

GÊMEO 1: ...sim, agora, porque depois... Logo depois...

GÊMEO 2: Ah, Leon... Um tiquinho assim depois...

GÊMEO 1: Não precisará mais enfrentar a chapa quente, pode virar funcionário do mês.

GÊMEO 2: Depois, ir a gerente!

GÊMEO 1: Em seguida, quem sabe, a supervisor do gerente.

GÊMEO 2: E depois, ainda, supervisor do supervisor do gerente.

GÊMEO 1: E no futuro...

GÊMEO 2: Por que não?

GÊMEO 1: Não custa sonhar, não é mesmo?

GÊMEO 2: Quem sabe você venha a ser uma banana em nosso cacho!

GÊMEOS 1 e 2: Um sócio!

GÊMEO 1: O garoto certo, na hora certa! Aconteceu uma vez...

LEON: [*impressionado*] Sério?

GÊMEO 2: Seriíssimo.

GÊMEO 1: Ele era da sua altura...

GÊMEO 2: ...e idade.

GÊMEO 1: Começou assim que nem você, de baixo.

GÊMEO 2: É preciso ambição, e a Mamutes Food pode tornar seu sonho realidade.

GÊMEO 1: Exato!

GÊMEO 2: Escuta, boy, a Mamutes Food tem se expandido por todo o mundo. Somos o Número Um do mercado...

GÊMEO 1: Number one!!!

GÊMEO 2: Não podemos cair em qualidade para os nossos clientes. O nosso objetivo é dominar o mercado mundial! Estamos no meio dos peixes grandes!

GÊMEO 1: O sanduíche de mamute é um sucesso total! [*ri de forma satânica*]

GÊMEO 2: Todos querem provar, ninguém quer abrir mão dele.

GÊMEO 1: Ao que deduzimos que a nossa ascensão se deve a esse sanduíche.

GÊMEO 2: E o que é preciso para fazer nosso querido sanduíche popular, darling?

LEON: Dos mamutes?

GÊMEOS 1 e 2: Dos mamutes!!!

GÊMEO 1: Se não temos mamutes, não temos sanduíche...

GÊMEO 2: E se não temos sanduíches, não temos o povo...

GÊMEO 1: E se não temos o povo, não temos money...

GÊMEO 2: E se não tivermos money, ficaremos muito infelizes todos.

GÊMEO 1: [*doce*] Você quer me ver infeliz, darling?

LEON: De forma alguma, senhor...

GÊMEO 2: Eu sei disso. É um jovem de fibra.

GÊMEO 1: E honesto.

GÊMEO 2: E honestidade aqui é tudo. Pois se quer mesmo ser um caçador de mamutes é preciso coragem, e só um homem honesto e convicto dos seus ideais tem coragem.

GÊMEO 1: Não estamos em busca de assassinos sociopatas. Selecionamos a sua ficha entre milhares de outras, porque acreditamos no seu caráter. Um homem íntegro.

GÊMEOS 1 e 2: Essa é a sua chance, Leon.

LEON: É tudo o que eu mais quero. Estou aqui por isso. Mas os senhores falaram em um problema? Qual é o problema?

GÊMEO 2: A pergunta certa seria: "De quem é o problema?"

GÊMEO 1: E eu responderia: "O problema é seu."

LEON: E qual é o meu problema?

GÊMEO 2: Você passou por todos os testes. Ficou faltando apenas um.

GÊMEO 1: Fundamental!

GÊMEO 2: A etapa que separa o joio do trigo.

GÊMEO 1: A prova dos noves!

GÊMEO 2: O teste final!

LEON: E como, digo, de que forma se daria esse teste final?

GÊMEO 1: Um mamute.

GÊMEO 2: Nos trará um mamute abatido por você mesmo.

LEON: Sim. E qual mamute eu devo abater?

GÊMEO 1: Não sei. Foi como eu disse, esse problema é seu.

LEON: Mas na empresa não são vocês que selecionam os mamutes? Quer dizer... Não tenho como reconhecer um, eu não saberia dizer se...

GÊMEO 2: [*olhando o relógio, dando as costas*] Não sei se ele nos serve...

LEON: Como?

GÊMEO 1: Aqui se responde "Yes, Sir" ou "No, Sir". Esqueceu?

LEON: Mas eu não respondi nada, só disse que não...

GÊMEO 2: Não? Ele disse "não"?

GÊMEO 1: Eu tive a impressão de ouvir...

LEON: Não, eu não disse...

GÊMEO 2: Ouvi novamente!

GÊMEO 1: Em alto e bom som.

LEON: Mas os senhores não me...

GÊMEO 2: Outra vez!

GÊMEO 1: Não se chega ao sim com tantos nãos, rapaz!

GÊMEO 2: Não se chega mesmo!

LEON: Senhores, é que não se trata...

GÊMEO 1: Insiste, ainda!

GÊMEO 2: É notável a sua predisposição ao não!

LEON: Eu só queria dizer que é difícil reconhecer um mamute. Eu precisaria de ajuda, pois...

GÊMEO 1: Já ouvimos o bastante, rapaz.

LEON: Por favor, escutem, eu preciso muito...

GÊMEO 2: ...desse emprego!

LEON: Sim, eu vim...

GÊMEO 1: ...de muito longe, e este foi o único lugar que te recebeu. Blá, blá, blá...

LEON: Por favor! Me escutem...

GÊMEO 2: [*blasé*] Não sei, não... Precisamos de gente com garra, ambição, coragem.

LEON: Eu posso!

GÊMEO 1: Será que pode?

Os gêmeos vão indo embora.

LEON: [*de súbito*] Sim!

GÊMEO 1: Eu ouvi um sim? Tive a nítida sensação...

LEON: Sim.

GÊMEO 2: Trará um mamute para nós?

LEON: [*num desespero mudo*] Sim.

GÊMEO 1: Um mamute abatido por você.

LEON: Sim...

Os gêmeos voltam-se lentamente para Leon.

GÊMEO 1: Hum... Então...

GÊMEO 2: ...quando trouxer...

GÊMEO 1: ...o emprego será seu.

GÊMEO 2: Do contrário, sumirá e não voltará mais aqui.

GÊMEO 1: Estará condenado a sua vidinha medíocre, enterrado vivo a cada dia e se lamentando por toda a eternidade por não ter tido coragem de fazer aquilo que queria ter feito!

Breve silêncio.

LEON: [*firme*] Vocês têm a minha palavra.

Um silêncio mais longo. Os gêmeos, como abutres, lentos e cuidadosos, olham-se com olhos horizontais, silenciosos.

GÊMEO 1: Pois bem, rapaz, combinado assim.

GÊMEO 2: Um mamute abatido e o seu emprego garantido.

GÊMEO 1: O céu será o seu limite. Vejo um futuro brilhante pra você, rapaz...

GÊMEOS 1 e 2: Não nos decepcione.

GÊMEO 2: [*dando uma insígnia a Leon*] Use isto.

GÊMEO 1: Só um caçador de mamutes pode usar.

GÊMEO 2: [*saindo*] Um mamute, Leon...

GÊMEO 1: Não é difícil, esbarramos com um a cada esquina...

GÊMEO 2: Lembre-se do slogan da Mamutes Food: "Querer é poder."

GÊMEO 1: "Eu quero..."

GÊMEO 2: "Eu posso..."

GÊMEOS 1 e 2: "Eu vou!"

Os gêmeos somem na fumaça. Silêncio.

ISADORA FACA NO PEITO: [*surgindo, triunfante*] Dor! Desespero! Pavor! Eis o primeiro passo para a degradação da alma humana... [*para*] Que bonito... "Degradação da alma humana!" [*pegando uma cadernetazinha e anotando*] Estou ficando cada vez melhor... [*anota e continua*] Acompanhe de perto a "degradação da alma humana!". Um pobre rapaz, vindo do interior, ingênuo, criado pela avó, se transformando num assassino implacável com sede de sangue! Eis o nosso herói trágico em sua falha trágica! A nossa Alice começa um caminho sem volta por dentro do espelho... [*para si mesma*] Sensacional... [*anota de novo*] O conflito se inicia!

Das nebulosas, surge o Capitão Man, figura forte e extremamente bonita, o oposto de Leon.

LEON: [*surpreso*] Capitão Man!?

CAPITÃO MAN: Por Júpiter, Leon! Está chorando novamente como um bebezinho?

LEON: [*enxugando as lágrimas*] Não quero que me veja assim, Capitão.

CAPITÃO MAN: [*afinando a voz*] "Não quero que me veja assim, Capitão!" Ah, Leon! Tá agindo como uma menininha de novo.

LEON: Não estou, não.

CAPITÃO MAN: Está, sim!

LEON: Não estou, não.

CAPITÃO MAN: Você está velho pra esse tipo de coisa, não acha, não? Qual é, Leon?

LEON: Não é nada, Capitão... Me deixa...

CAPITÃO MAN: [*paternal*] Leooon. Pensei que não tivéssemos segredos.

LEON: [*hesita, desabafa enfim*] Tenho que matar um mamute.

CAPITÃO MAN: E qual é o problema?

LEON: Capitão, eu nunca matei um mamute antes.

CAPITÃO MAN: Aprende-se! Não deve ser tão difícil assim. Não é pra isso que você veio pra cá? Então... Tá com a faca, tá com o queijo, chama o rato pra festa.

LEON: Eu não sei, Capitão, não sei mesmo... Eu esperava, sei lá... esperava que eles dessem uma diretriz, um perfil mais claro, uma dica... Entende?

CAPITÃO MAN: Entendo, sim. Você quer mel na chupeta, mas não quer papo com a abelha! Por Júpiter, Leon!

LEON: Não é isso...

CAPITÃO MAN: É o quê, então? Hein? Diz pra mim... Comeu estrada a noite toda, passou o dia inteiro batendo cabeça, pra cima e pra baixo... E o que você pretende agora, Leon? Hein? Voltar pra casa e dizer pra sua avó que o neto dela é um abortado? Que o neto dela é um merdinha que não consegue nada na vida? Você prometeu pra sua avó que só voltaria pra casa quando conseguisse um emprego. Tá na hora de cumprir com sua palavra, tá na hora de virar homem. O bem mais valioso de um homem é a sua palavra, Leon. E um homem não abre mão da sua palavra, do contrário não é um homem. É um mamute!

LEON: Eu não sou um mamute!

CAPITÃO MAN: Mas é isso que eles vão achar se você não tomar uma atitude. Essa é a realidade, rapaz, cace ou inevitavelmente será caçado!

LEON: [*aflito*] E se eu me enganar? E se eu acabar matando um inocente pensando que é um mamute?

CAPITÃO MAN: Paciência, acontece!

LEON: Capitão! Eu não me perdoaria!

CAPITÃO MAN: Que é que tem?

LEON: Não matar... é um dos mandamentos!

CAPITÃO MAN: E qual é a diferença entre matar um mamute e matar um cidadão?

LEON: Faz toda a diferença, Capitão. É natural que os mamutes sejam caçados, mas matar um cidadão é contra a lei, dos homens e de Deus.

CAPITÃO MAN: Leon, Leon... Deus é coisa inventada pelos mamutes. É só mais um valor estabelecido por eles, por conta do tão aterrador medo da morte! Você sabe disso, já falamos muito sobre o assunto. Ninguém ama Deus. As pessoas têm medo de Deus! São mamutes que vivem à base do medo, dos limites... Explode com isso, meu amigo, explode! Esse é o dia! É a sua chance, Leon! Você ganhou uma insígnia de caçador, a lei está do seu lado agora.

LEON: E o que devo fazer?

CAPITÃO MAN: [*anima-se*] Primeiro deve comprar uma arma!

LEON: Não tenho dinheiro.

CAPITÃO MAN: Venda um dos seus rins e compre uma no mercado negro.

LEON: E depois?

CAPITÃO MAN: Depois... [*apontando o dedo, em mira*] *Bang!* Abata o seu mamute!

LEON: Mas assim? Sem mais nem menos?

CAPITÃO MAN: Não é isso que eles querem?

LEON: É...

CAPITÃO MAN: Então, rapaz!

LEON: Sei não, Capitão...

CAPITÃO MAN: Leon, olha pra mim.

Leon olha.

CAPITÃO MAN: O que vê?

Leon hesita.

CAPITÃO MAN: [*exibindo-se*] Pode falar! Fala, rapaz!

LEON: Vejo... vejo... força.

CAPITÃO MAN: Força, isso. E o que mais? Pode falar. Fala, vai! Estamos entre amigos...

LEON: Vejo... atitude.

CAPITÃO MAN: Atitude! Essa é a palavra. Atitude, Leon! O mundo está aos seus pés: tome uma atitude! Eu não sou apenas um conjunto harmônico de beleza e virilidade, não! Eu sou um verbo imperativo, eu sou um cavalo selvagem, eu sou um grito preso na garganta, eu sou o enigma da esfinge, eu sou a bala que matou Kennedy. Melhor, eu sou o cérebro de Kennedy vazando da fronte, com Jackeline de quatro tentando me colocar de volta no crânio. Eu sou o desconcerto, o inviável, o constrangimento trágico, eu sou um evento, um marco histórico! E você? O que é você?

LEON: Não sei, tô pensando, calma.

CAPITÃO MAN: Pense centavo e ganhará centavo! Você não quer?

LEON: Quero, claro. O quê?

CAPITÃO MAN: Deixar de ser um zero à esquerda e ter uma vida digna.

LEON: Óbvio. Mas por quê?

CAPITÃO MAN: Porque você não é um mamute.

LEON: [*refletindo*] Eu não sou um mamute.

CAPITÃO MAN: Certo. Eu vou te ensinar, olha... [*mostra um revólver*]

LEON: Onde o senhor conseguiu isso?

CAPITÃO MAN: Minha mãe me deu de Natal.

LEON: Sério?

CAPITÃO MAN: Não, Leon. Fica esperto! Não dá pra ficar explicando tudo e...

Ouvem-se risinhos. Entram Jerry e Wendy.

CAPITÃO MAN: Olha aí! Maravilha! Hoje é o seu dia de sorte, rapaz! Vê se aprende!

ISADORA FACA NO PEITO: Tragédia! Saliva! Perdão! Jerry e Wendy, um casal de namorados tipicamente felizes. Empapados pela paixão, esvoaçantes como os que amam. Perfeitos como a vida deve ser. O vento sopra, a pomba voa, o sol se põe. [*sombria*] O que eles não sabem é que o destino, o tão cruel e surpreendente destino lhes resguardou um encontro com nosso caçador, Leon! Nem em seus piores pesadelos poderiam esperar pelo que estava para acontecer...

JERRY: [*alvo e leve*] Eu te amo, minha florzinha!

WENDY: [*loura e refrescante*] Eu te amo mais, bombonzinho!

JERRY: Não, não, eu te amo mais ainda, minha cocadinha...

WENDY: Eu te amo mais que tudo, meu bebezinho...

JERRY: Eu te amo ao infinito, meu floquinho de neve!

WENDY: Eu te amo na idade de Deus, meu xodozinho....

JERRY: Ah, não! Assim não vale! Deixa eu te amar mais, por favor!

WENDY: Você sempre quer me amar mais, amor! Hoje, não! Hoje é a minha vez! Eu que te amo mais!

JERRY: Por favor, deixa, por favor!

WENDY: Não tem como, amor. Te amo muito, chego a tremer de tanto amor, olha.

JERRY: Por favor, por favorzinho!

WENDY: Ai, amor, assim eu me derreto toda!

JERRY: Por favor, com açúcar em cima!

WENDY: Lindo! Eu deixo, mas só hoje, hein!

Os dois dão risadinhas e um selinho alegre.

JERRY: Eu e Wendy nos casaremos na primavera, numa cerimônia diurna!

WENDY: Jerry usará um terno azul-clarinho e as minhas madrinhas entrarão todas de *nude*!

JERRY: Wendy faz questão de passar a lua de mel em Dallas. Eu não me oponho, até gosto!

WENDY: Dolce, Prada, Givenchy! A lista de presentes eu mando num envelope perfumado!

JERRY: Wendy fará uma cirurgia nos quadris!

WENDY: Jerry trabalhará na firma de papai e eu me ocuparei com as crianças...

JERRY: Teremos dois filhos, um menino e uma menina!

WENDY: Nessa ordem!

JERRY: Um cão no portão, um gato no tapete e um peixe no aquário.

WENDY: Moraremos numa casa toda *nude* e Jerry se comprometerá a cortar a grama aos domingos!

JERRY: E no fim de cada ano, passaremos o Natal em algum lugar aconchegante...

WENDY: ...quentinho...

JERRY: ...onde a neve é branquinha e macia!

WENDY: Onde os pássaros cantam, as crianças correm e o sol se recolhe laranja e preguiçoso...

Jerry e Wendy suspiram e se olham romanticamente.

CAPITÃO MAN: [*de longe, ao lado de Leon*] Parados aí!

JERRY: Oh, meu Deus! É um assalto!

CAPITÃO MAN: Então a única razão de alguém abordá-lo numa rua deserta, lhe apontando uma arma, seria para assaltá-lo? Devo concluir, então, que estou diante de um homem sem motivos para ser assassinado, senão por um assaltante?

JERRY: Bem, sim.

CAPITÃO MAN: Ah, então devo concluir também que se trata de um rapaz honesto, exemplar e sem inimigos, sem razão para ser morto sem mais nem menos?

JERRY: Bem, sim...

CAPITÃO MAN: Você é um filho da puta arrogante que se acha melhor que os outros, mesmo que inconscientemente. Daqueles que sentem pena dos seres ditos inferiores à sua espécie. Pois eu lhe digo: Eu vou te matar.

WENDY: Socorro!!!

CAPITÃO MAN: Não adianta gritar, mocinha, não vem ninguém. Mesmo que ouvissem, não viriam. Ou você acha que alguém morreria por vocês? Os outros não morreriam nem por eles mesmos.

WENDY: Por favor, não nos mate! Olha, eu tenho dinheiro, muito dinheiro. Não está aqui agora, mas prometo que dou um jeito de pegar pra você.

CAPITÃO MAN: Eles vão precisar pro seu funeral, boneca.

JERRY: Nós não fizemos nada contra você! Por que quer nos matar aqui, agora, assim, desse jeito?

CAPITÃO MAN: Porque eu quero. Acordei hoje cedo nessa vontade. A vontade de exterminar um homem como você. E querer é poder. Eu quero, eu posso, eu vou.

JERRY: Eu lhe imploro. Por favor, deixe-nos ir embora!

CAPITÃO MAN: [*sádico*] Deixarei... mas será como um jogo.

JERRY: Um jogo?

CAPITÃO MAN: Um jogo! Eu te faço uma pergunta e você me responde. Se eu me der por satisfeito, deixo os dois pombinhos seguirem livremente o caminho da felicidade prometida. Do contrário, mato vocês. Entendido? Tudo bem?

JERRY: Não podemos resolver isso de uma maneira mais...

Capitão Man engatilha a arma. Jerry recua.

CAPITÃO MAN: O que vai ser?

WENDY: Jerry, não!

JERRY: Fica calma, meu amor, tudo vai acabar bem, sim? Agora se acalme. [*para o Capitão*] Estou pronto.

CAPITÃO MAN: Bem... Por que não devo te matar?

JERRY: Porque... porque... porque sou um homem honesto.

CAPITÃO MAN: Muito bem... Mas por quê?

JERRY: Porque... porque meus pais me ensinaram que um homem deve ser honesto acima de qualquer coisa...

CAPITÃO MAN: E por quê?

JERRY: Porque a honestidade é a base da moral, e sem a moral não se pode constituir a ordem em uma sociedade...

CAPITÃO MAN: Por quê?

JERRY: Porque o que move a sociedade é a ordem! Desde que o homem é homem, a ordem foi estabelecida para nos diferenciarmos dos animais.

CAPITÃO MAN: Por quê?

JERRY: Porque é necessário manter a ordem acima de tudo! A ordem é um valor estabelecido, e quando se rompe com os valores, se rompe com sua humanidade.

CAPITÃO MAN: Por quê???

JERRY: Porque do contrário não teremos valores, muito menos princípios, ou moral... tudo que nos rege e que consequentemente nos põe na posição de seres racionais.

CAPITÃO MAN: Por quê??????

JERRY: Porque eu não sou um mamute!!!!!!!!!!

CAPITÃO MAN: Beeeemmmm! Resposta errada, você morre.

JERRY: Não me mata! Eu suplico! Não me mata! Eu não sou um mamute! Juro que não!

CAPITÃO MAN: Não sei se acerto na cabeça... no coração...

JERRY: Não me mata! Eu imploro, não me mata! [*muda o tom*] Olha, mata ela! [*joga Wendy na sua frente*]

WENDY: Jerry???

JERRY: Mata ela. Ela não serve pra nada. É um mamute!

WENDY: Jerry!!!

JERRY: Cala a boca, sua vaca consumista! Olha só pra ela! É um entulho social. Não serve pra nada! Vai acabar virando uma dessas velhas esticadas cheias de pregas atrás da orelha!

WENDY: Jerry...

JERRY: Mata ela! Esse tipo de mulher só serve pra sustentar as indústrias de ansiolíticos, tensiolíticos, tranquilizantes, sedativos, calmantes, reguladores de humor!

WENDY: Jerry!

JERRY: Wendy, acordar pra dormir ou dormir pra acordar não faz diferença pra você. Entenda! Você não pensa: consome! A sua paralisia é outra! E a pior de todas!

WENDY: Jerry!

JERRY: Cala a boca, Wendy! [*volta-se para o Capitão*] Eu tenho uns dólares no banco, transfiro pra você em um telefonema! Coisa rápida. É só você me passar seus dados. Tudo no sigilo, sem desconto de notas! Mata ela cara, eu saio de fininho e fica tudo certo. Mata ela!

WENDY: [*decidida*] Me mata! Vamos, me mata. Eu prefiro mesmo morrer a ter que viver com esse verme, cu de macaco, carniça de abutre! Eu prefiro morrer a ter que servir de hospedeiro pra esse parasita enrustido que só abre a boca pra comer merda e concordar com quem falar mais alto! Me mata, porque eu sou mais homem que você. Eu olho pra você e tudo o que eu vejo é lixo, sangue de pus, curra de negro, bueiro de puta... Jerry, você é um mamute!!!!!!!

JERRY: Cadela!

WENDY: Mamute!!!

JERRY: Cala a boca, sua imunda!

WENDY: Mamute!!!

JERRY: Cala a boca!!!

Jerry avança, violento, e estrangula Wendy, que gargalha de forma satânica. Antes de morrer, ela ainda enfia uma tesoura, tirada de sua bolsa, no peito de Jerry. Intempestiva ira animalesca.

CAPITÃO MAN: Tá vendo, Leon!? Não é tão difícil assim reconhecer um mamute...

Leon sai correndo.

CAPITÃO MAN: Leon! Leon! Volta aqui, rapaz! [*sai*]

Isadora Faca no Peito aproxima-se do casal. Ela está com um microfone na mão, acompanhada de um cameraman *que filma tudo.*

ISADORA FACA NO PEITO: [*urgente, aproximando-se do rapaz moribundo, chamando o* cameraman] Olá, Jerry! [*tentando reanimar o rapaz*] Olhe pra mim, Jerry, isso, olhe pra mim. Pega aqui, Rodrigo. Fecha nele, fecha nele! Aqui é Isadora Faca no Peito, *tête-à-tête* com a morte na tentativa vã de entender como se dá esse momento final entre uma coisa e outra, no caso, aqui, entre a vida do rapazinho e a passagem, a morte mesmo... [*para o rapaz*] Então, Jerry, consegue falar? [*o rapaz solta um grunhido. Ela prossegue, ávida*] Tudo bem, não faz mal. Vamos lá, aperte minha mão uma vez se for sim, duas se for não... Entendido? Tudo bem? Não morre, Jerry... Tá pegando o sangue, Rodrigo? Filma aqui do lado. Jerry, eu tenho perguntas a fazer... Vamos lá. A morte seria como Nietzsche descreve em uma passagem do livro "Assim falava Zaratustra", na qual o emblemático dilema do... Não olhe para a luz, Jerry! Olha pra mim: se piscar uma vez é sim, se piscar duas é... Jerry, não morre! Todos querem saber ainda a respeito do ponto de vista do... Jerry, não morre! [*sacode Jerry*] Não morre! O que você sentiu ao ser chamado de bueiro de puta? Jerry! Não morre! Jerry!!! [*morre*] Droga, Jerry...

Silêncio.

ISADORA FACA NO PEITO: [*largando o rapaz*] Crime! Castigo! Paixão! Até que a morte os separe! Mas não se enganem, o projeto de assassino ainda não começou sua caçada! Na selva da cidade, Leon tenta fugir, mas eis que entra em cena a Chapeleira Louca! [*para o* cameraman] Pegou o fundo, Rodrigo?

EPISÓDIO 2

Surge Frenesi, a puta revolucionária, militante das causas da minoria, com cocar na cabeça e um megafone na mão, acompanhada pelos colegas esquerdistas que trazem Leon preso. Todos em polvorosa.

LEON: [*com medo*] Me solta!

FRENESI: [*no megafone*] Abaixo a aculturação! Abaixo a colonização! Minha gente, não podemos ficar calados e passivos diante de tanta corrupção! É preciso agir, já! Agora! Chega de paralisia! Onde está a justiça neste país? Eu pergunto, minha gente: onde está a justiça neste país??? Estamos todos fazendo papel de palhaço, minha gente! Eu quero ter orgulho da minha pátria. Abaixo o refrigerante negro! Viva o guaraná! Viva o negro! Viva o índio! Vivam as Severinas! As Chicas! As Marias! Viva o samba! Yankees, go home! Nós somos jovens, merda! Vamos mudar essa realidade! Porra, vamos fazer uma revolução! Vamos tomar o poder! Abaixo a falta de vergonha na cara! Abaixo a corrupção! Abaixo o trabalho infantil! Abaixo o trabalho escravo! Yankees, go home! Yankees, go home! [*todos repetem em manifesto*] Vamos lá, gente! Yankees, go home! Yankees, go home!

Jogam Leon no chão. Todos param. Frenesi começa a estalar os dedos, em um código entre os militantes. Todos repetem a ação, olhando de forma desafiadora para Leon. O rapaz não entende, mas mantém-se firme. Cercam Leon como lobos. Sussurram "yankee" enquanto estalam os dedos numa sinfonia intimidadora, com olhos fixos em Leon.

LEON: [*hesitante*] Eu não sou um "yankee"!

De repente, Frenesi dá um sinal de silêncio.

FRENESI: [*no megafone*] Quem é você?

Silêncio.

FRENESI: Quem-é-vo-cê?

LEON: Leon Carmelo.

FRENESI: É um nome estúpido. O que significa?

LEON: Não sei... Deveria significar alguma coisa?

FRENESI: Claro! Um nome sempre significa alguma coisa. E se o seu não significa nada, é porque você também não deve ir muito além disso!

Todos riem. Frenesi faz outro sinal brusco. Silêncio.

FRENESI: De onde você vem?

LEON: Do interior.

FRENESI: De quem?

LEON: Como?

FRENESI: Você disse que veio do interior, o interior de quem, eu pergunto.

LEON: O interior da cidade.

FRENESI: Qual?

LEON: Esta cidade.

FRENESI: Não. Qual é a razão de estar usando uma insígnia de caçador de mamutes?

LEON: Desculpa, senhora, mas creio que...

FRENESI: Isso não me diz respeito? Era isso que ia dizer, meu rapaz? Era?

Leon fica calado.

FRENESI: Vamos começar de novo. [*estala os dedos e os militantes somem*] Acho que não me apresentei. Sou Frenesi, mais conhecida como Frenesi, a puta revolucionária.

Os dois trocam um aperto de mão.

LEON: Eu sou Leon...

FRENESI: ...Carmelo, Leon Carmelo. O nome realmente é estúpido. Mas não se pode ter tudo nessa vida, não é mesmo? [*pega um cigarro e oferece ao rapaz, que o rejeita*] Você é um desses caçadores desgraçados? Trabalha pra eles?

Leon fica sem entender.

FRENESI: Os malditos yankees vendedores de carne de mamutes. Uns bons filhos da puta! Ganham dinheiro vendendo carne de gente morta pros outros comerem. Você concorda com isso?

LEON: O povo gosta...

FRENESI: O povo come até merda se não feder, não é essa a questão. Errado é esses yankees venderem a carne do nosso povo nesse sanduíche capitalista. Você acha isso certo? Acha certo que esses homens determinem o que nos serve ou deixa de servir? Que levem rios de dinheiro do nosso país, nos colocando uns contra os outros, caçadores e caçados? Tem muita gente inocente virando hambúrguer... e isso não é certo!

LEON: A Mamutes Food é nacional.

FRENESI: Eles querem que você pense que é nacional, mas é mentira! Eles são nazistas! Querem exterminar a espontaneidade nativa. Inventaram essa história de mamutes. [*mudando o tom*] Mas hoje... Você sabe que dia é hoje?

Leon faz que não.

FRENESI: [*no megafone*] Hoje é o dia da libertação!

Leon não entende.

FRENESI: [*repete no megafone, gritando no ouvido dele*] É o dia da libertação!

LEON: Eu ouvi, moça.

FRENESI: Pois bem, como eu disse, eu sou Frenesi, a puta revolucionária. [*fica olhando para ele, que não esboça reação*] Eu sou mesmo puta.

LEON: Ah...

FRENESI: Não estou me insinuando pra você, se é isso que está pensando. Não sou uma puta qualquer. Na verdade, eu sou uma espiã. Uma espécie de Mata Hari, entende? Me deito com homens do alto poder e aproveito para sequestrar papéis.

LEON: Papéis?

FRENESI: Não é qualquer papel... São papéis do governo, a papelada confidencial, os documentos arquivados, os segredos do Estado...

Entende agora? O buraco é muito mais embaixo!

LEON: Desculpa, Frenesi, é que eu não entendo nada disso, e se...

FRENESI: Você conhece a Jaqueline?

LEON: Não sei nada a respeito de...

FRENESI: [*no megafone*] Você conhece a Jaqueline?

LEON: Não.

FRENESI: Marceli?

LEON: Não.

FRENESI: Estela?

LEON: Não.

FRENESI: Laurinda?

LEON: Não.

FRENESI: Solange, Rosane, Beatriz!

LEON: Não, não conheço ninguém.

FRENESI: Todas viraram sanduíche, garoto, e estavam longe de serem mamutes. Eram putas revolucionárias, mas foram pegas pelos homens do governo e exiladas para a Mamutes Food, onde viraram hambúrguer!

LEON: Nossa...

FRENESI: Compreende agora aonde quero chegar, rapaz? Queima de arquivo, abuso de poder, lavagem de dinheiro... e isso é só o começo. [*com sorriso amarelo*] Malditos vermes!

Mas eles não perdem por esperar... [*ouvindo alguma coisa, como uma badalada*] Hora da pinga!

LEON: Olha, obrigado, senhora, mas é que...

FRENESI: Não sou do tipo que aceita não como resposta, rapaz. E além do mais a pinga é boa, é brasileira! [*brindam e viram o copo. Frenesi enche outro*] E eu quero que você conheça uma pessoa. [*sorri*]

Uma luz roxa toma o espaço. De longe, ouve-se um bolero que se espalha, inebriante.

FRENESI: Lola Blair, a nossa lebre...

Do alto, surge Lola Blair em seu rabo de peixe azul-turquesa, lindíssima, cantando, num show único. Ao fim da música, aplausos empolgados de Frenesi e Leon. Lola desce as escadas. A seu lado está Hamed Ali Ada Ada, que acende seu cigarro. Sentam-se para tomar chá.

LOLA BLAIR: Ya fue mejor que eso...

FRENESI: Imagina, Lola, você ainda é a melhor.

LOLA BLAIR: Cómo no? Pues sí! Pues sí! [*vê Leon*] Quién es el niño?

LOLA BLAIR: Meu nome é...

FRENESI: Companheiro Carmelo.

LOLA BLAIR: Sí, sí... Carmelito. [*ri*]

FRENESI: Lola, acho que encontramos o nosso homem!

Leon está cada vez mais desconfortável.

LOLA BLAIR: Pero es solamente un chico!

FRENESI: É perfeito, Lola, não percebe? É de um menino que precisamos. Não tem como desconfiarem, não tem como dar errado, Lola! Vai por mim. Eu gostei dele... Esse menino vai longe...

LOLA BLAIR: No sé, Frenessi, no sé...

FRENESI: Essa é a nossa chance, Lola. O dia da libertação!

LOLA BLAIR: No sé, no sé... usted sabe lo que pasó con el último que intentó...

FRENESI: Estávamos errados na época, mas agora é diferente...

LOLA BLAIR: [*olha no fundo dos olhos de Leon*] És muy guapo, chico.

FRENESI: Eu tenho certeza que ele será a nossa arma secreta!

LEON: [*levantando, agressivo*] Alguém pode me dizer o que está acontecendo?

Hamed Ali Ada Ada se levanta de súbito para atacar o rapaz.

LOLA BLAIR: [*ordenando*] *Arsh*!

Hamed larga o menino.

LOLA BLAIR: Hamed es muy temperamental. Siéntese acá, chico. [*tira a peruca. Lola desaparece*] Me chamo Pablo del Touro, fui militante na América Central e estou refugiado em seu país já faz algum tempo. De dia, com Frenesi, ensino as táticas de guerrilha sofisticadas que aprendi em meu país aos jovens militantes daqui. Na hora da pinga, [*suaviza a voz*] me torno Lola Blair, una encantadora *señorita* enigmática... [*muda o tom*] E esse é o Hamed Ali Ada Ada. Veio do Oriente Médio, só fala o idioma dele. Como eu disse, é temperamental, mas é um homem valente e extremamente necessário.

LEON: E o que vocês querem comigo?

PABLO: Frenesi acha que você é o homem perfeito para os nossos planos.

LEON: Mas que diabo de plano é esse?

FRENESI: [*vidrada*] A libertação dos mamutes.

LEON: E o que quer dizer isso?

PABLO: O extermínio de Shiva Moon.

LEON: A apresentadora de programa infantil?

FRENESI: Meu bem, não se engane com essa vaca.

PABLO: Shiva Moon é a mais popular apresentadora infantil do país e está expandindo seu sucesso por toda a América Latina.

LEON: Trabalhando bem que mal tem?

FRENESI: Criatura, Shiva Moon é a garota-propaganda da Mamutes Food.

PABLO: Por isso é uma das principais acionistas da empresa. Não percebe a influência dela sobre o público para que consumam sanduíche de mamute? Principalmente o público infantil!

FRENESI: É uma lavagem cerebral...

PABLO: O plano da Mamutes Food é justamente aliciar o público infantil e aliená-lo, transformando-o em mamutes. Estão criando um círculo vicioso: nascer, crescer, reproduzir e comer, comer, comer! Afinal de contas, para alimentar os mamutes nada melhor que carne de mamutes. É disso que eles vivem, dos mamutes e para os mamutes. Servem para eles seu prato preferido: eles mesmos. Daí eles se comem, se entendem e se vomitam... No final, a massa é uma massa mesmo, sem forma — aliás, com uma única forma, a forma de um mamute. [*pausa*] Percebe, Carmelito. Estão criando um sistema de autossustentação em que os únicos beneficiados são eles...

LEON: Mas isso é terrível...

FRENESI: Por isso precisamos de você.

PABLO: Precisamos de alguém que tenha contato direto com a Mamutes Food, e consequentemente com Shiva Moon.

FRENESI: Com esse contato, inserimos o nosso Hamed, ele abraça Shiva Moon e... *boom*.

PABLO: Hamed vem de uma família bomba, não hesitará na hora "H", e a primeira etapa do nosso plano estará concluída.

FRENESI: Com o atentado e morte de Shiva Moon, a Mamutes Food estará desestruturada, enfraquecida, vulnerável, e daí para desarticularmos suas estruturas vai ser bem mais fácil.

PABLO: E assim se dará o fim da Mamutes Food e a libertação de todos os mamutes.

Olham com expectativa para Leon.

LEON: E por que acham que eu faria isso?

FRENESI: Porque se você não fizer, nada será feito, e se nada for feito...

Silêncio.

PABLO: Eu sei que você deve estar confuso, rapaz... Mas o tempo é curto. Pense bem no que irá fazer.

FRENESI: Contamos com você, companheiro.

PABLO: Viva o dia da libertação!

Viram o copo.

PABLO: [*suavizando a voz*] Carmelito!

FRENESI: [*no megafone*] Viva a pinga brasileira! Viva a mulata! Viva o pajé!

PABLO: Vivas! Vivas!

Viram vários copos.

ISADORA FACA NO PEITO: Delírio! Fracasso! Pressão! O nosso caçador de mamutes bebe para tomar coragem! Para pôr fogo na alma! E se entregar de vez aos demônios... A dúvida divide a razão da emoção! De um lado, a necessidade da sobrevivência em meio ao mundo selvagem. Do outro, o dever cívico de um homem que sabe o que é certo. Leon andou pelas ruas da cidade, escondeu-se nos cantos e esquinas, vagou como uma alma fugitiva, mas o tormento pesava em sua cabeça... Oh, cruel e ingrata dúvida... Afinal de contas: "Ser ou não ser? Eis a questão..." [*vendo Capitão Man chegar de fininho*] Olha aí... o gato sorridente e fujão...

Surge o Capitão Man.

CAPITÃO MAN: [*cuidadoso*] Leon! Te procurei por toda a cidade... Onde foi que você se meteu, cara?

Leon está de cabeça baixa.

CAPITÃO MAN: Que gente doida aquela... Não falam coisa com coisa... [*ri. Percebe que Leon está sério*] Que bicho te mordeu, homem?

Leon parte para cima do Capitão Man e os dois se embolam.

LEON: Você me abandonou, seu covarde! Os militantes vieram e você me abandonou. Fugiu, covarde!

Os dois rolam no chão.

CAPITÃO MAN: Às vezes é preciso retroceder para avançar, Leon.

LEON: Covarde! Covarde! Covarde...

Se afastam.

LEON: [*recuperando a respiração normal. Tempo*] Eu acreditava em você, Capitão! A vida toda, nunca pensei que me deixaria, e logo no momento em que mais precisei de você... [*tempo*] E ainda por cima queria que eu matasse pessoas inocentes.

CAPITÃO MAN: Inocentes, Leon? O inocente aqui é você, menino. Esses doidos colocaram ideias doidas na sua cabeça e agora você está confuso. Te deram pinga pra te confundir...

LEON: Eles não são doidos.

CAPITÃO MAN: Não? [*rindo*] Uma puta revolucionária, um travesti anarquista e um terrorista temperamental! Realmente, Leon, são as pessoas mais normais que já vi!

LEON: Ao menos não pareciam covardes, aposto que não abandonariam um amigo numa hora difícil.

CAPITÃO MAN: Eu não te abandonei, Leon! Estive com você o tempo todo. Mas você deveria saber que com esse tipo de gente devemos ter cuidado em dobro. Se pegassem nós dois, quem viria nos salvar se precisássemos?

Breve silêncio.

CAPITÃO MAN: Eu estou muito decepcionado com você, Leon. Logo você... eu nunca esperaria algo dessa espécie... [*magoadíssimo*] Estou realmente muito decepcionado. Eu realmente pensei que você confiasse em mim...

LEON: Você me abandonou!

CAPITÃO MAN: Era uma estratégia que o seu egoísmo não deixou que percebesse! [*suspira*] Mas tudo bem, tudo bem... Nada como um dia após outro, não é mesmo? Aquilo que não mata fortalece... Água mole em pedra dura tanto bate até que fura... Quem com ferro fere, com ferro será ferido! [*vai saindo*]

Leon se sensibiliza.

LEON: Espera, Capitão... também não é assim, vai... É que muitas coisas têm acontecido e eu já não sei mais o que pensar... o que sentir. Sabe quando está tudo meio... assim... Eu só queria... Ah, você nunca vai me entender, não é mesmo?

SQUEL: [*surgindo como uma aparição*] Você está falando comigo?

Leon emudece.

SQUEL: O gato comeu sua língua? [*sorri, doce*]

LEON: Hã? Desculpe, eu falava com um amigo...

Leon olha para a moça, uma jovem bela com ar frágil, toda de preto, com uma sombrinha repousada no ombro. O sorriso da jovem ilumina Leon.

EPISÓDIO 3

ISADORA FACA NO PEITO: Suor! Amor! Tensão! Isadora Faca no Peito registra em primeira mão a cruz e a delícia do amor à primeira vista. [*observando o casal se olhando*] O macho e a fêmea em seu primeiro contato em habitat natural. É a natureza falando mais forte que qualquer outra coisa! Taquicardia, suadouro, palpitação... o coração dispara e a boca seca... é o amor que está no ar. O arteiro e imprevisível cupido. Mas o que o tão cruel e desumano destino de Leon estaria reservando para esse pobre casal?

SQUEL: [*com o olhar fixo em Leon*] Numa tarde de abril, minha mãe saiu pra tomar banho de chuva. O céu estava lilás e a chuva era morna. Uma gota fria, talvez a única entre todas as outras, escorreu para dentro de minha mãe e ela ficou grávida. Nasci nove meses depois, num dia de chuva tão forte e frio que caíam do céu pequeninas pedras de gelo... Aí ela me deu o nome de Squel. Era o som que ela ouvia das pedrinhas caindo na telha. [*sussurrando*] Squel... Squel... Squel... E a moral disso tudo é que quanto mais se cresce, mais possível fica de se comer o bolo.

LEON: Meu nome é Leon Carmelo, mas não tenho nenhuma história em especial...

SQUEL: É bonito.

LEON: Obrigado. Ninguém nunca me disse.

SQUEL: Que você é bonito?

LEON: [*ri, sem graça*] Também.

SQUEL: Mas é verdade. [*se aproxima mais*] E a moral disso tudo é que o que não foi dito nem sempre é lembrado.

LEON: Isso é uma verdade.

SQUEL: Tem outras?

LEON: O quê?

SQUEL: Você está perdido?

LEON: Acho que acabo de me encontrar...

Os dois riem.

CAPITÃO MAN: Despacha ela, Leon, despacha!

LEON: Você parece um anjo... Acho que te amo.

CAPITÃO MAN: Era o que faltava!

SQUEL: Você acabou de me conhecer...

LEON: Pois é... Não sei explicar... Eu te amo.

CAPITÃO MAN: Leon! Tá louco? Para com isso, cara!

LEON: [*não ouve mais o Capitão Man*] Então é essa?

SQUEL: O quê?

LEON: A voz dos anjos...

SQUEL: Assim você me deixa sem jeito...

Squel pega a mão do rapaz. Faz que a lê.

LEON: O que vê?

SQUEL: Os traços confusos de um menino com o coração de algodão...

LEON: Minha avó me disse que às vezes Deus se distrai e um anjo foge pra Terra pra experimentar o sabor do amor, mas depois volta pra botar inveja nos outros que não saberão nunca, nem de longe, o que é amar e ser amado... e o que significa o segundo em que seus olhos batem nos olhos de seu amor e que dura toda uma eternidade... um segundo secreto, indescritível, que só pertence a quem olhou e a quem foi olhado...

Beijam-se.

Tempo.

LEON: Tem gosto de neve doce...

SQUEL: Quer ver meu porquinho? Tenho dois... Estão em meu quintal... Se quiser, dou um pra você... E a moral disso tudo é: três é bom, dois é pouco e um nunca é demais!

LEON: [*suspira*] Eu precisava mesmo era de um mamute...

SQUEL: Você é um caçador de mamutes?

LEON: Sim... Quer dizer, não... Ah, nem sei... Acho que não sirvo pra nada...

SQUEL: Quer me matar? [*sorri*]

LEON: O quê?

SQUEL: Me mata. Sempre sonhei ser assassinada por alguém. Principalmente por alguém que me amasse!

CAPITÃO MAN: Beleza. Mata ela, Leon.

LEON: Eu não posso...

SQUEL e CAPITÃO MAN: Por quê?

LEON: Porque não, ora... Eu amo você, Squel, nunca te mataria!

SQUEL: Se me amasse de verdade faria isso por mim...

CAPITÃO MAN: Isso é verdade! Quem ama mata!

LEON: Isso tá fora de cogitação, Squel!

SQUEL: Olha, não é difícil, você pega no meu pescoço [*pegando a mão de Leon e a colocando em seu pescoço*] e aperta! Vai! Aperta!

CAPITÃO MAN: Aperta, rapaz, a moça tá pedindo!

SQUEL: O que foi? O que foi, Leon?

LEON: Eu não quero! Eu não quero... Olha, Squel, vamos embora daqui, eu e você, vamos pra longe de tudo... Eu desisto de tudo por você... Mamutes, Lola, Shiva Moon, tudo... Vem comigo, eu tenho uma avó que adoraria te conhecer e...

SQUEL: Me mata, Leon! Olha, se quiser eu me deito, aí você pode pegar uma faca ou uma enxada e...

CAPITÃO MAN: Mata ela, Leon, mata ela! Porra, rapaz, essa é a sua grande chance, cara! É ela que tá pedindo... Pensa no seu futuro, cara! Na grana que você vai ganhar... Eles gostaram do seu perfil, Leon... você vai crescer lá dentro. Me escuta!

SQUEL: Se quiser, também pode cortar minha garganta, ou até mesmo...

LEON: Por que você quer morrer?

SQUEL: Pra virar chuva...

LEON: Você não quer ficar comigo?

SQUEL: Você pode me matar e se matar depois. A gente pode morrer juntinho. Morre comigo... e a gente vira chuva junto.

LEON: Não sei se quero virar chuva...

SQUEL: [*para*] Não me ama...

LEON: Amo, sim!

SQUEL: Não o suficiente pra morrer comigo...

LEON: Por que você cisma em querer morrer?

SQUEL: Não é cisma, é vocação. E a moral disso tudo é: algumas garotas sonham em casar vestidas de noiva, eu sonho ser enterrada. Desde pequena, sempre colecionei recortes de jornal sobre crimes passionais... assassinatos por dinheiro... mortes premeditadas... vingança... desgosto... raiva... inveja... O assassinato sempre me fascinou de alguma forma, mas eu nunca quis ser uma assassina. Verdade, nunca senti vontade ou tive um súbito desejo de matar alguém, pelo contrário. E a moral disso tudo é: o meu grande sonho mesmo é ser assassinada. Assim como sempre soube que meu grande amor seria meu assassino.

LEON: Você sempre procura moral em tudo?

SQUEL: Ora, sempre haverá uma moral por trás de todas as histórias. Repare! Sabe quando a criança leva um susto e quer chorar, mas não consegue, e fica com aquela expressão muda com a boca aberta, assim... e o choro não vem? Tem que dar um tapa. Então... ninguém deu. Eu engoli o choro e não vomitei até agora. Aí, acho que fiquei desse jeito. Com essa mania. Só pode ser isso.

LEON: E ninguém nunca se interessou em te matar?

SQUEL: Houve algumas tentativas, mas todas frustradas... Às vezes chego a pensar que o problema está comigo. Sério. Que sou eu que não consigo morrer. Penso até que por castigo talvez eu não morra nunca! [*espanta-se*] Você acha que isso seria possível? Uma espécie de vampirismo, ou doença, sei lá, que a pessoa não morre nunca? Estarei fadada a vagar pela terra por toda a eternidade... Acha mesmo isso possível?

LEON: Claro que não, Squel! A morte é a única certeza que temos na vida. É ou não é?

SQUEL: Como pode ter tanta certeza se nunca morreu antes?

LEON: Essas coisas a gente já nasce sabendo, Squel. As pessoas morrem!

SQUEL: [*assombrada*] Talvez eu não... E a moral disso tudo é: estou fadada à dúvida até o último momento, se houver o último momento... [*reflete*] Não! Isso é cruel demais! Por favor, Leon, me mate agora! Assim terei certeza se posso realmente morrer ou não!!!

Ouve-se, bem alto, algo como um repente nordestino. Das extremidades do palco surgem dois homens armados encarando-se fixamente. Um deles carrega uma mulher gorda amarrada, que grita o tempo todo, desesperada, amordaçada. Leon tenta proteger Squel.

HOMEM 1: [*com a arma sempre apontada*] Se prepara pra morrer, cabra da peste!

HOMEM 2: [*com a arma na mira*] Ainda não nasceu um cabra capaz disso!

HOMEM 1: Pois esse cabra aqui foi cuspido, não foi parido, e é ele quem vai fazer tu experimentar capim pela raiz...

HOMEM 2: Muito difícil! O cabra tem que ter dois colhões, treze dedos, sete olhos!

HOMEM 1: Pra matar um cabra como tu basta apenas um!

HOMEM 2: Pois é isso que vamo vê, cabra! Meto uma bala, uma que é suficiente pra botar esse cabrão no chão!

ISADORA FACA NO PEITO: Olá, senhor! Sou Isadora Faca no Peito e eu gosto de meter o dedo na ferida e fazer sangrar.

HOMEM 1: Não se meta aqui, não, moça! Aqui a briga é de macho!

ISADORA FACA NO PEITO: Uau! A excitante e rude virilidade. Mas o que aconteceu?

HOMEM 2: [*do outro lado*] Ô, dona Faca no Peito, esse cabra roubou meu mamute!

HOMEM 1: Cê tá louco, homem? O mamute era meu! Era eu que tava no encalço dele!

HOMEM 2: Mas se tem uma coisa que gosto menos nesse mundo é de cabra mentiroso que nem ocê! O mamute tava paradinho lá, fazendo suas compras de supermercado, e eu lacei o bichão!

HOMEM 1: Mas era eu que tava na espreita! Muito antes docê!

HOMEM 2: Tu tá me chamano de mentiroso, cabra da peste?

HOMEM 1: Mentiroso e roubalhão!

HOMEM 2: Mas tu vai morrer é agora!

ISADORA FACA NO PEITO: Dois caçadores de mamutes duelando por sua caça! Este é o reino animal, a lei do mais forte, o instinto de sobrevivência; é o macho querendo marcar o seu território! Mas vamos ouvir a causadora disso tudo! [*aproxima-se da Gorda*] Olá, meu bem. [*sorri*] Como você se sente sendo a responsável por toda essa desgraça?

A Gorda, com dificuldade, quase inaudível, diz alguma coisa parecida com "Socorro!".

ISADORA FACA NO PEITO: Como, meu bem?

A Gorda, puta da vida, grunhe novamente "Me solta!".

ISADORA FACA NO PEITO: E se eu te dissesse que o seu filho que foi trocado na maternidade está aqui, agora, na plateia? [*a Gorda arregala o olho*] Qualquer um deles! A criança perdida, seu elo rompido, num encontro marcante! Você o reconheceria? Será que o instinto materno gritará nesse momento, minha gente? Quer dizer alguma coisa pra ele? Ele está nos ouvindo! [*para a plateia*] Esta é sua mãe, rapaz, a mãe que Deus te deu e que o cruel destino separou... [*outro grunhido da Gorda*]

Olhe para ela! A sua mãe! O terror! A paralisa! Veja o medo refletido em seus olhos. Mas a chama da esperança ainda queima bem no fundinho. Esse é um momento histórico, senhoras e senhores! O que o destino separou, agora une! [*tempo*] Eu vou pedir que o rapaz se revele. Revele-se, rapaz. [*silêncio*] Revele-se, rapaz! [*silêncio*] Bem, infelizmente ele não veio. [*a Gorda espuma de ódio*] Mas é até melhor, não é? Ver a mãe numa situação tão constrangedora não é bacana. Veja sua fragilidade em meio a tudo isso. Essa indefesa criatura, condenada a um triste fim!

Os cabras fazem a contagem de dez passos, um de costas para o outro.

HOMENS 1 e 2: Dez!

Viram-se e disparam. Tensão! Um breve suspense para ver quem foi atingido. Surpresos, veem entre os dois, bem no centro do duelo, Squel com os braços abertos. A jovem gira devagar olhando para o céu. Cambaleia.

SQUEL: [*num sopro de voz*] Eu vou virar chuva...

Squel cai morta no chão. Leon corre para segurá-la.

HOMEM 1: Tá vendo, seu burro! Tu matou a moça!

HOMEM 2: Mas num fui eu mesmo. Foi tua bala, que eu vi!

HOMEM 1: Mas, home, tu tá me chamando de mentiroso? Mas se tem coisa nesse mundo que eu mais odeio é...

Homem 1 e Homem 2 agarram a Gorda e vão saindo, até não mais serem ouvidos.

LEON: [*segurando a moça no colo, num soluço baixinho*] Squel... Squel... Mil vezes repetirei seu nome, até que minha garganta seque e minha língua sangre... Squel... Squel... Squel...

ISADORA FACA NO PEITO: [*fúnebre*] Dor... Tristeza... Rancor... Tudo gira na cabeça de Leon. Um turbilhão sem sentido nem fim. A dor da perda do primeiro amor... Mundo cruel... A culpa lhe corrói. Por fim, o rapaz solta um grito tão violento que sua alma escapole pela boca.

Ouve-se uma música que parece vir do inferno. A luz vai ficando vermelha, como se o próprio Satã, em pessoa, estivesse chegando.

ISADORA FACA NO PEITO: A carta que faltava no baralho. Ela, a rainha de copas, a rainha louca, a rainha das crianças. [*assombrada*] Shiva Moon...

Entra Shiva Moon. Satânica. Uma vamp. Um misto de vulgaridade, afetação e artificialidade, típicas de apresentadoras de programa infantil. Faz um número musical, no seu erotismo infantil. Após seu breve número, ela fala com a plateia.

SHIVA MOON: Boa noite! O que vocês querem comer?

PLATEIA: Sanduíche de mamute!

SHIVA MOON: Eu não ouvi. Mais forte! O que vocês querem comer?

PLATEIA: Sanduíche de mamute!

SHIVA MOON: Perturbe seu papai, não deixe sua mamãe em paz. Peça, implore, suplique por um lindo e saboroso sanduíche de mamute da Mamutes Food, com muita carne, muita carne, muita carne, muita carne. Hum... que delícia! Hum... que prazer! [*numa evolução de* cheerleader] Eu quero um "M", eu quero "A", e com outro "M" eu puxo o "U", seguindo o "T" encontro o "E", que com o "S" dá: MAMUTES! Hum, que delícia. Hum, que prazer! E na compra da promoção especial, um brinde: um lindo chaveirinho de mamute igualzinho ao meu! Você vai ficar fora dessa? [*muda o tom*] E se o papai e a mamãe não quiserem comprar o saboroso sanduíche de mamute, rompa com eles! Sejam fortes! Resistam! Mostrem quem é que manda! Façam greve de fome. Quebrem coisas! Mintam! Mordam! Matem! Mas não deixem de consumir o saboroso hambúrguer de mamute! Beijoquinhas! [*paralisa o sorriso*]

Shiva Moon muda abruptamente.

SHIVA MOON: Onde estão os malditos gêmeos? Cabeças vão rolar! Cabeças vão rolar! [*procurando algo na bolsa*] Essas crianças me enlouquecem!

A vontade que tenho é de lançar uma nova linha: a linha do mini-hambúrguer de mamute. [*reflete*] Hum... não é má ideia... [*anota*] Mas, por hoje, a vontade que tenho é de fazer hambúrguer. Gêmeos! [*toca o telefone*] Alô... [*tempo*] Judite, eu estou tra-ba-lhan-do... [*tempo*] É, as bichas gêmeas marcaram uma reunião comigo, sim. [*tempo*] O quê? De novo? [*preparando uma carreira de pó*] Não, Charlote! Não limpa! Estou mandando! Ela vai aprender a se limpar sozinha! Nada, Charlote! Ela faz pra chamar a atenção! Agora você pega tudo e esfrega na cara dela pra ela saber que não foi legal. Funciona com cachorro. [*tempo*] Oi? Ah, sim, é isso mesmo. Mandei diminuir, sim, agora é meia ração por dia. Pro papai você pode dar mais um pouquinho, mas nada muito além! [*cheira a carreira*] Eles não andam merecendo. Precisam dar mais valor. E se quiserem mais, que levantem suas manguinhas, coloquem os bracinhos pra fora e iniciem os trabalhos! [*tempo*] Manha, Judite! É manha! Eu conheço meu gado. Mamãe adora chorar um terço. Você se impressiona? Fica abalada? Se sente culpada? Me acha cruel? Não aprova meu tom? Tem pena de quem? Nunca viu na vida? Dorme pensando? O que te espanta? O que te emociona? O que você levaria pra uma ilha deserta? O que espera de mim? O que você espera de mim...? Olha nos meus olhos e me diz de forma direta e franca. [*tempo. Melancólica*] Desculpa, eu tô... [*esquece o telefone, mira-se no espelho, se vê acabada. Abstrata. Já longe do telefone*] Muito. Tô. Eu. Velha. Tô.

Velha pra essas coisas... Eu. Fui tão... Não. Sou. Um continente. Não. Eu tô mais pra uma ilha vagabunda recusada por barcos. Agora tenho que desligar. Vá matar o seu Maha, Charlote... vá... vai, garota... [*desliga o telefone*] Estou deprimida, detesto ficar deprimida... [*preparando outra carreira*] Mulherzinha insuportável... Faz de tudo pra me tirar do sério. Vai ficar sem ração! Não tenho pena, não tenho! Estou errada? [*cheira*] Tenho certeza de que não... [*se depara com Leon, agressiva*] Quem é você?

Leon, com Squel ainda em seu colo, não dá ouvidos.

SHIVA MOON: Eu perguntei quem-é-vo-cê.

LEON: [*pega Squel, carrega-a nos braços*] Sai do meu caminho.

SHIVA MOON: [*ri*] Seu caminho? [*gargalha*] Seu caminho? Escuta aqui, garoto, aqui todos os caminhos são meus! Todos aqui são de copas... e se você não é de copas, não é de ouro, de paus, nem de espadas, vai ser julgado como um invasor! [*olha para a jovem morta*] E o que temos aqui? Um mamute abatido!

LEON: Ela não é um mamute!

SHIVA MOON: Se Shiva Moon diz que ela é um mamute, ela é um mamute, sim! E como todos os mamutes, deve virar sanduíche!

LEON: Nem ouse tocar num fio de cabelo dela, moça! Se fizer isso, não respondo por mim!

SHIVA MOON: Quem você pensa que é, seu merdinha? Eu sou a ordem, eu sou seu Deus, eu escrevi o livro da sua vida! Está usando uma insígnia de caçador, mas esse mamute me pertence!

LEON: [*segura com força o pescoço de Shiva Moon*] Nem você nem ninguém vai me dizer o que eu devo ou não fazer. A minha vida me pertence e não vai ser uma mulher como você que vai determiná-la. Você deveria se preocupar com a sua vida e com o exemplo que você dá para as crianças. Deveria respeitar as pessoas e parar de gritar com elas como se elas fossem merda. Deveria dar uma velhice decente aos seus pais, deveria olhar para os outros como os seres humanos que eles são, e não como produto. Do contrário, pega a sua falta do que fazer e enfia no rabo! Eu já avisei, moça, não vou repetir... SAI DO MEU CAMINHO!

Entram os Gêmeos. Leon joga Shiva Moon no chão.

SHIVA MOON: [*caída*] Você vai pagar caro, seu bosta! Desgraçado!

GÊMEO 1: My God! Vejam se não é a nossa amada Shiva Moon!

GÊMEO 2: Amada e idolatrada!

SHIVA MOON: Chega!!! Esse merda ousou me agredir. Quero que cortem a cabeça dele!

GÊMEO 1: Shiva...

GÊMEO 2: Shivinha...

GÊMEOS 1 e 2: Take it easy, honey!

SHIVA MOON: [*ri, amarga*] Vocês ainda não me viram nervosa... Vamos, eu dei uma ordem! Esse homem deve ser punido!

GÊMEO 1: Shiva, esse é o nosso querido amigo Leon Carmelo...

GÊMEO 2: Um rapaz de palavra... Nos trouxe um mamute.

LEON: Ela não é um mamute! Não é pra vocês!

GÊMEO 1: Demorou menos do que eu esperava para vomitar a alma, rapaz...

GÊMEO 2: Ainda está com o gosto amargo na boca...

GÊMEO 1: A notícia ruim é que esse gosto não vai passar nunca.

GÊMEO 2: A boa é que se acostuma.

SHIVA MOON: Vocês estão doidos? Estou falando grego? Eu quero esse cara morto! Agora! Ou vocês também querem virar hambúrguer? Hein? Hein???

Os gêmeos estalam os dedos. Entra o carrasco encapuzado.

SHIVA MOON: [*sorridente*] A-ha! Ouviram a voz da sabedoria! Que isso não se repita, rapazes. Quando eu mando, vocês obedecem! É assim que é e assim vai ser sempre...

CAPITÃO MAN: [*vestido elegantemente*] Beeeeem!!!!!! Conclusão errada, Barbie dos infernos!

LEON: [*estranhando*] Capitão Man?

O carrasco pega Shiva Moon e amarra seu corpo.

SHIVA MOON: Mas o que é isso? O que está acontecendo?

Entra Frenesi, vestida como uma apresentadora de programa infantil.

SHIVA MOON: O que está acontecendo? Me soltem! Me soltem!

GÊMEO 1: [*para Shiva*] Honey, foi bom enquanto durou...

GÊMEO 2: Mas você sabe, o mercado é nervoso, precisa sempre de novidades.

SHIVA MOON: O que vocês pensam que estão fazendo, suas bichas?! Eu sou Shiva Moon! O povo me ama! O povo me adora! O povo me quer!

GÊMEO 1: E o povo te terá, honey!

GÊMEO 2: Sanduíche de Shiva Moon! Será que alguém vai querer te comer, Shiva? [*ri*]

GÊMEO 1: Time is money! Você é o ontem. Frenesi é o amanhã!

SHIVA MOON: Ha! Essa baranga não chega aos meus pés. Vocês estão cometendo um erro fatal! Quando todos ficarem sabendo disso, vocês vão pagar caro! Suas bichas!!! Seus escrotos! Filhos da puta!!!

Os gêmeos fazem um sinal e o carrasco quebra o pescoço de Shiva.

FRENESI: Ai... bem melhor. Detesto pessoas que gritam. Eu já estava ficando com dor de cabeça. [*dá uma risadinha fina*]

LEON: Frenesi? O que aconteceu? Onde estão Pablo e Hamed?

FRENESI: Viraram promoção: Compre um sanduíche do Oriente Médio e leve um da América Central junto! [*ri com os Gêmeos e o Capitão*]

LEON: E o que aconteceu com o dia da libertação?

FRENESI: Sorry, my boy... Time is money. Escuta, esquece tudo o que é passado. [*tranquilíssima*] Esquece tudiiiiiinho... Gostei de você, te disse isso quando te conheci. Você vai longe, rapaz. [*fumando*] Você tem duas opções. A primeira é sair daqui. Assim, como entrou. Seguir seu caminho! [*ri*] A outra é ficar. Aí... [*rindo*] Aí, meu querido, o céu é o limite.

Leon começa a rir. Todos se entreolham num desconforto. No início o riso é bem baixinho, mas vai aumentando, num crescente. Vai ficando alto, muito alto, insuportável, e não para.

CAPITÃO MAN: Que foi, cara? Pirou? Tá rindo de quê? Tá rindo de quê, cara???

Leon se esvazia. Vai parando, devagar, até ficar sério de novo. Olha para Frenesi.

LEON: Onde eu assino?

EPÍLOGO

ISADORA FACA NO PEITO: Cravos! Lírios! Papoulas! O nosso caçador é um homem de palavra, e antes que o dia se acabasse Leon voltou até a sua casa, onde encontrou sua doce e bondosa avó tricotando um pulôver para o netinho em sua velha poltrona verde! Leon se aproximou lentamente por trás dela. De onde estava, dava pra sentir o perfume de alfazema da querida vovó, e mais que rapidamente deu uma, duas, três, quatro, cinco, seis, sete marteladas no crânio da velha, que morreu na hora. Pedaços do crânio caíram pelo chão e seu sangue cobriu todo o carpete num vermelho brilhante. Ele, enfim, havia matado um mamute com as próprias mãos: o mamute perfeito. Aquele que só faria falta a ele mesmo e a mais ninguém. Colocou o cadáver franzino numa sacola e levou para a Mamutes Food. O emprego era seu.

Talvez o nomeiem funcionário do mês, talvez depois de um tempo ele se torne até gerente... Talvez ele entre numa sala de teatro, como esta, e metralhe toda uma plateia, como esta, assim como o nosso velho amigo Lírio. E talvez ninguém sinta falta desta plateia. E talvez a carne desses mortos não sirvam pra nada, a não ser como esterco.

Eu sou Isadora Faca no Peito, meto o dedo na ferida e faço sangrar. Porque comigo é assim: a faca é no peito!

FIM

Editora chefe
Isabel Diegues

Editora
Mariah Schwartz

Coordenação de produção
Melina Bial

Revisão
Eduardo Carneiro

Capa
Felipe Braga

Projeto gráfico e diagramação
Mari Taboada

Foto p. 4
Guga Melgar (2012)

CIP-BRASIL. CATALOGAÇÃO-NA-FONTE
SINDICATO NACIONAL DOS EDITORES DE LIVROS, RJ

Bilac, Jô, 1984-
B492m Os mamutes / Jô Bilac.- 1. ed.- Rio de Janeiro : Cobogó, 2015.
88 p. ; 19 cm. (Dramaturgia)

ISBN 978-85-60965-78-6

1. Teatro brasileiro. I. Título. II. Série.

15-24143 CDD: 869.92
CDU: 821.134.3(81)-2

Nesta edição, foi respeitado o Acordo Ortográfico da Língua Portuguesa de 1990, que entrou em vigor no Brasil em 2009.

Outros títulos desta coleção:

ALGUÉM ACABA DE MORRER LÁ FORA, de Jô Bilac

NINGUÉM FALOU QUE SERIA FÁCIL, de Felipe Rocha

TRABALHOS DE AMORES QUASE PERDIDOS, de Pedro Brício

NEM UM DIA SE PASSA SEM NOTÍCIAS SUAS, de Daniela Pereira de Carvalho

OS ESTONIANOS, de Julia Spadaccini

PONTO DE FUGA, de Rodrigo Nogueira

POR ELISE, de Grace Passô

MARCHA PARA ZENTURO, de Grace Passô

AMORES SURDOS, de Grace Passô

CONGRESSO INTERNACIONAL DO MEDO, de Grace Passô

IN ON IT | A PRIMEIRA VISTA, de Daniel MacIvor

INCÊNDIOS, de Wajdi Mouawad

CINE MONSTRO, de Daniel MacIvor

CONSELHO DE CLASSE, de Jô Bilac

CARA DE CAVALO, de Pedro Kosovski

GARRAS CURVAS E UM CANTO SEDUTOR, de Daniele Avila Small

INFÂNCIA, TIROS E PLUMAS, de Jô Bilac

NEM MESMO TODO O OCEANO, adaptação de Inez Viana do romance de Alcione Araújo

COLEÇÃO DRAMATURGIA

2015

1ª impressão

Este livro foi composto em Univers.
Impresso pela gráfica Stamppa
sobre papel Pólen Bold 70g/m².